AF359907

DRAGAGE

CURAGE

ASSAINISSEMENT DES PORTS

RAPPORT

SUR LE

NOUVEAU PROCÉDÉ DE DRAGAGE

CURAGE

ET ASSAINISSEMENT DES PORTS

DE

MM. Vergniais et Chéron

————

PARIS

IMPRIMERIE CH. SCHILLER, FAUB. MONTMARTRE, 10

1867

RAPPORT

sur un nouveau procédé

DE

DRAGAGE, CURAGE ET ASSAINISSEMENT DES PORTS

L'importance sans cesse croissante que prennent depuis quelques années les travaux d'approfondissement, de curage et d'assainissement des ports, ne cesse d'attirer l'attention des ingénieurs.

La multiplicité des transactions commerciales et des échanges internationaux crée de nouveaux besoins.

L'abaissement du plafond des ports, le transport au loin des vases et des boues stagnantes, cause continuelle d'infection et de maladies épidémiques, deviennent partout d'une absolue nécessité. Non-seulement il faut lutter avec l'Océan qui envahit notre territoire, mais il faut encore prévenir le développement de maladies funestes qui déciment les populations ; de notre victoire ou de notre défaite, on ne saurait s'y tromper, dépend entièrement dans l'avenir la prospérité ou la ruine de toute une contrée.

Au point de vue politique aussi bien qu'au point de

vue économique, il se présente ici une question capitale dont la haute gravité frappera tout le monde.

L'œuvre gigantesque qui se poursuit en Egypte pour le percement de l'isthme de Suez, a, de son côté, naturellement dirigé les esprits vers la solution du même problème : enlever, transporter vite et économiquement de grandes masses de terres, de sables et de boues.

On ne saurait disconvenir que, soit qu'il s'agisse de combattre les envahissements de l'Océan, soit qu'il faille enlever de leur gisement des millions de mètres cubes, la puissance des appareils dont nous disposons, n'est plus en proportion de nos besoins, et ne suffit plus en général pour triompher vite des difficultés à vaincre.

Nos meilleurs dragues n'enlèvent guère que 700 à 800 mètres cubes par journée de dix heures ; le matériel se fatigue rapidement ; les chômages sont fréquents.

Et encore, le fonctionnement des dragues fût-il excellent, il devient impossible de multiplier ces engins dans nos ports, où ils pourraient finir par gêner la navigation. Chaque drague ne nécessite-elle pas d'ailleurs toute une flottille de chalands, qu'il faut conduire avec peine au large pour jeter les matériaux à la mer?

Le rendement des dragues est, d'un autre côté, extrêmement limité ; l'emploi du chapelet à godets pour le creusement et l'élévation des sables, ne peut s'appliquer à des cubes considérables ; la marche est lente et intermittente, la force motrice mal utilisée ; les godets pour déverser le sable ont à s'élever à une cote plus grande que la hauteur utile ; le rendement déjà

diminué par le baquetage, baisse encore au point de
devenir insignifiant lorsque l'appareil est appliqué à
l'enlèvement des eaux bourbeuses, des vases ou simultanément des boues et des sables. .

C'est sans doute guidés par ces considérations mul-
tiples que deux inventeurs, MM. Vergniais et Chéron, se sont proposé de substituer aux dragues des
appareils basés sur un tout autre principe.

MM. Vergniais et Chéron, au lieu de soulever les sa- **Principe du nouveau système.**
bles et les boues par l'intermédiaire d'une noria incli-
née, ont recours à un outil qui ne saurait ni s'user ni
se détériorer ; ils remplacent l'ensemble assez com-
plexe de la chaîne à godets par la force impulsive d'un
courant d'eau ascendant.

On sait avec quel soin les constructeurs évitent l'introduction des sables et des graviers dans les corps de
pompe. Pour l'élévation des eaux, le plus grand en-
nemi à combattre, c'est l'entraînement des matières
solides.

Ce qui jusqu'ici avait été un obstacle pour le con-
structeur devient pour MM. Vergniais et Chéron le
point de départ de leur procédé de creusement et de
curage.

Au lieu de pomper des eaux pures, ils s'attachent au
contraire à n'aspirer que des eaux très-chargées de
sable ; ils font tourner à leur avantage un grave inconvénient bien connu dans les épuisements.

Dans ces conditions, l'outil élévatoire, toujours do-
cile et à l'abri des détériorations, devient en même
temps un véhicule puissant, qui tout à la fois enlève la

matière, l'entraîne et la charrie à de grandes distances.

Les sables et les boues peuvent être en effet aspirés et transportés par le même courant. Le travail perdu dans l'ancien système par l'élévation de l'eau et du sable au-delà de la cote utile, la chute des boues et des vases pendant la marche, est tout entier recueilli et appliqué simultanément à l'enlèvement, au transport des matières solides, au renouvellement des eaux et à l'assainissement.

Il semble que chaque invention attende toujours son heure pour se produire. L'entraînement des sables et des galets par l'eau avait bien été utilisé déjà, soit dans l'exploitation des mines, soit dans les écluses de chasse; mais l'idée n'avait pas été appliquée encore à un travail régulier d'élévation et de transport.

Cependant, récemment à l'isthme de Suez, on est parti tout au moins d'un principe analogue pour transporter les terres de la drague au bord du canal. On a fait cheminer les sables dans un long couloir incliné et jeté comme un pont aqueduc de la drague à la banquette, en empruntant à un courant d'eau alimenté par des pompes rotatives sa force délayante et impulsive. Le liquide projeté de place en place par une conduite qui suit le couloir délaye les matériaux et les entraîne jusqu'à la berge. Ce procédé, quoique rudimentaire, a rendu assez de services pour que la Compagnie de Suez ait dénommé le grand couloir « la machine fondamentale du percement de l'isthme ». Le canal, en effet, mesure 160 kilomètres de Port-Saïd à Suez. Plus d'un tiers du parcours sera creusé par les dragues à long couloir.

Ailleurs, on s'est aussi servi d'un courant d'eau pour transporter à quelques milliers de mètres des matières légères. Au Dépotoir de la Villette, on envoie ainsi à 10 kilomètres les vidanges destinées à être traitées pour engrais.

L'utilisation de l'eau comme outil élévateur et comme véhicule est autrement complète dans le système de MM. Vergniais et Chéron; elle devient féconde en applications importantes.

Toutefois, si le principe ainsi posé ne saurait être contestable de prime abord, il n'en est plus de même de sa véritable portée pratique.

Il était indispensable de déterminer sa valeur et de rechercher dans quelles limites il était applicable.

Les inventeurs encouragés pas les résultats obtenus sur très petite échelle, firent construire une machine d'essai qu'ils installèrent à Paris sur les berges de la Seine, près du viaduc du Point-du-Jour, à Auteuil.

C'est cette première installation qui a été soumise à notre examen.

Elle consistait en une pompe à deux corps horizontaux de construction vicieuse, mue par une forte locomobile et aspirant l'eau à l'extrémité d'une canalisation de 1,500 mètres de développement, établie le long de la berge, du Point-du-Jour à Auteuil.

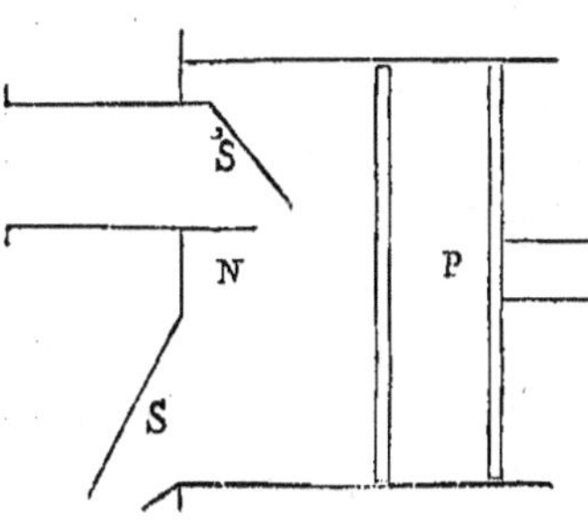

Essais
du Point-du-Jour.

Les cylindres de la pompe ont 0m60 de diamètre; le piston a 1 mètre de course. Cet appareil, appelé par les inventeurs « attracteur sous-marin, » est disposé de manière à laisser entrer dans les corps de pompe les sables et même des pierres de plusieurs kilogrammes.

Le mouvement de recul du piston ouvrant la soupape s, le mouvement en avant ouvre la soupape S et repousse dans un bassin les eaux bourbeuses et les pierres.

Il est inutile d'insister sur les inconvénients de cette disposition : très grand espace nuisible en N; frottement des pistons horizontaux; fatigue des pièces; usure des clapets ; introduction des pierres entre les soupapes et leur siége; coups de piston perdus; mauvaises proportions entre les corps de pompe et la conduite ; vitesse des pistons trop grande pour la vitesse d'introduction de l'eau, etc.

L'installation tout entière était sujette à critique ; il n'y a pas lieu de s'y arrêter : nous n'avons pas à juger, ici les moyens d'exécution, mais bien la valeur du système.

Le diamètre des tuyaux en fonte Festugières était de 0m20 sur une longueur de 1,500 mètres. Avec un pareil parcours, les notions les plus élémentaires de l'hydraulique indiquaient une telle perte de charge qu'il n'y avait pas à compter sur un entraînement sensible de matières.

La vitesse de l'eau dans les tuyaux ne pouvait guère s'élever au-delà de 0m70, et elle était encore nécessairement très réduite par le frottement du liquide contre les sables. Or, la vitesse de 0m70 est à peu près la vitesse minimum nécessaire pour que des graviers commencent à être entraînés ; les sables légers seuls ne nécessitent pour se déplacer qu'une vitesse de 0^m30. Il était donc à peu près impossible d'expérimenter fructueusement dans ces conditions. Les gra-viers devaient s'accumuler par place dans les tuyaux et produire des engorgements. La machine, en effet, cracha du sable par intermittence et cessa de fonctionner.

Ces essais furent recommencés à 300 mètres. L'extrémité du tuyau appuyé sur le fond du fleuve fut alimenté de sable par plusieurs ouvriers. Mais l'introduction était irrégulière, tantôt trop grande, tantôt trop faible ; les tuyaux se bouchaient par régions, et les engorgements fréquents ne permirent aucune détermination un peu précise. Il était d'ailleurs absolument impossible de déduire d'expériences ainsi conduites le moindre éclaircissement certain.

Toute la portée du nouveau système repose, en somme, sur l'évaluation rigoureuse du cube de sable qui peut être enlevé par un courant d'eau animé d'une vitesse donnée. Il est clair que le système serait condamné d'avance si la matière entraînée était insuffisante pour donner un produit rémunérateur.

Or, que l'installation fût bonne ou mauvaise, il n'en est pas pas moins évident qu'elle pouvait parfaitement servir à des expériences exactes sur l'entraînement du sable.

On pouvait déterminer d'abord la vitesse de l'eau pure dans la conduite, et ensuite la quantité de sable entraîné par un courant d'eau ainsi défini. Le volume d'eau et le volume de sable charrié, exactement jaugés, donnaient le moyen d'apprécier la vitesse réduite de l'eau pendant l'entraînement, et par conséquent la perte de charge résultante.

On n'avait pas encore jusqu'ici recherché avec quelque précision le volume de sable charrié dans un tuyau par un courant d'eau. On ne peut considérer comme telles en effet quelques expériences isolées sur l'entraînement des sables dans les tuyaux de quelques mètres de longueur.

Il était indispensable, pour asseoir d'une manière certaine la valeur du système, de déterminer le cube de sable entraîné dans de longues conduites sensiblement horizontales, par un courant de vitesse moyenne donnée.

C'est, par conséquent, sur ce point particulier qu'ont dû porter tout d'abord nos investigations.

Un bassin de jaugeage fut creusé pour mesurer les cubes d'eau et de sables débités dans l'unité de temps par la pompe. On commença par vérifier les pertes de charge dues au frottement de l'eau pure dans les tuyaux à 100^m, 200^m, 300^m; elles furent trouvées sensiblement conformes aux évaluations théoriques obtenues au moyen des formules de Prony, modifiées par M. Darcy. Le tableau suivant résume ces premières expériences pour les distances de 200 et 100 mètres.

Expériences à l'eau pure à 200 mètres de distance.

Numéros des ex-périences.	Durée de l'expérience.	Quantité d'eau enlevée.	Produit en litres par seconde.
1re	6^m = 360^s	26,000 litres.	72 litres.
2e	4^m 20^s = 260^s	19,500 —	75 —
3e	4^m 15^s = 255^s	19,500 —	76 —
4e	4^m 40^s = 280^s	19,500 —	70 —

OBSERVATIONS. — Les variations de débit tiennent à la marche de la locomobile. Les dimensions relatives des cylindres de la pompe et de la conduite étant très vicieuses, la vitesse du piston avait une grande influence sur l'effet utile. Il fallait battre un nombre déterminé de coups de piston à la minute pour atteindre le maximum. On pouvait l'obtenir par beau temps, mais une partie des expériences ayant été faites par mauvais temps, la pression diminuait dans le locomobile, et la courroie de transmission glissait.

Expériences à l'eau pure à 100 mètres de distance.

Numéros des ex-périences.	Durée de l'expérience.	Quantité d'eau enlevée.	Produit en litres par seconde.
1re	3^m 30^s = 210^s	20,000 litres.	95 litres.
2e	3^m 40^s = 220^s	20,000 —	91 —
3e	2^m 30^s = 150^s	14,000 —	93 —

OBSERVATIONS. — Les variations de débit ont la même cause que dans les expériences précédentes.

Pour se faire une opinion sur l'efficacité du système, il était bon de choisir dans ces essais la longueur de

Expériences sur l'en-traînement du sable dans de longues conduites.

conduite correspondante à une vitesse de l'eau assez grande, tout en ne dépassant pas cependant la vitesse à laquelle il pourrait devenir nécessaire de s'arrêter dans la pratique, pour ne pas trop élever la dépense de force motrice. La force motrice croît, en effet, comme le carré de la vitesse.

On prit la longueur suffisante de 100 mètres qui correspond dans un tuyau de $0^m 20$ avec une pompe imparfaite comme l'était celle dont nous nous servions, à une vitesse moyenne de l'eau voisine de 3 mètres (1). Deux coudes verticaux très brusques, l'un à l'arrivée et montant, l'autre au départ et descendant, avaient été placés le long de la conduite. Cette complication avait été introduite à dessein pour que l'on pût juger de l'influence des coudes sur la marche des matières solides. Une pente de $0^m,22$ sur un parcours de 10 mètres environ, existait également à l'extrémité de la conduite. Nous n'avions pas la faculté de disposer les essais suivant un plan plus méthodique; il fallait profiter le mieux possible de ce qui existait.

Il était important de régulariser l'introduction du sable dans la conduite pour déterminer un cheminement à peu près égal dans l'unité de temps. On eut recours à la disposition suivante :

L'extrémité du tuyau fut posée sur le radier du pont-viaduc à une profondeur que le niveau de la Seine ne permit pas de prendre plus grande que $0^m,70$. A quelques centimètres du bout, on fit une ouverture circulaire de $0^m,20$ égale au diamètre, et on y ajusta un

____

(1) Perte de charge $6^m 40$; volume débité 95 litres; cote de la machine au dessus de la prise d'eau, $1^m,60$.

large entonnoir de fer blanc, dont le diamètre le plus

large mesurait 0^m,70, et dont la hauteur était de 0^m,70.

Une grande caisse en bois à fond incliné et jaugeant 5,000 litres servit de déversoir pour alimenter l'entonnoir. Il suffisait d'ouvrir une porte à coulisse pour que le sable accumulé descendît dans l'entonnoir ; du reste, des ouvriers facilitaient le glissement de la matière de façon à ce que l'entonnoir restât toujours plein. Il est évident que dans ces conditions de fonctionnement, l'introduction des matières solides était à peu près régulière.

Dans les différentes expériences qui eurent lieu, on varia le mode d'introduction, tantôt en hâtant la descente du sable à l'aide d'une tringle, tantôt en versant de l'eau dans l'entonnoir pour délayer les matières et les forcer à couler plus vite.

Les sables étaient jaugés à l'arrivée avec l'eau ; jaugés au départ dans la caisse, il fut facile de déterminer ainsi le cube enlevé dans l'unité de temps.

On nota de même le temps employé par les sables pour aller du tuyau à la machine, le temps nécessaire pour qu'après la fin de l'introduction du sable, la conduite fût absolument dégorgée et ne laissât plus pas-

ser que de l'eau. Ces données furent très-soigneuse-
ment établies, car elles devaient jouer un rôle important dans nos déterminations.

Elles sont résumées dans le tableau suivant :

Expériences avec de l'eau et du sable à 100 m. de distance.

Numéros des expériences.	Durée de l'expérience.	Volume total d'eau et matières enlevées.	Débit par secondes en litres.		Temps employé à nettoyer les tuyaux.
			Eau.	Sable.	
1re	5^m = 300^s	25,200 c.	78.67	8.33	3^m 00^s (1)
2^e	6^m 20^s = 380^s	31,200	76.85	5.15	1^m 00^s (2)
3^e	12^m 30^s = 750^s	60,000	76.00	4.00	1^m 20^s (3)
4^e	8^m 00^s = 480^s	39,400	75.75	6.25	1^m 00^s (4)
5^e	14^m 00^s = 820^s	67,200	74.90	7.10	3^m 00^s (5)

OBSERVATIONS. — (1) En activant l'enlèvement du sable par une ouverture de 0^m,20.

(2) Laissant débiter à volonté.

(3) Avec une grande ouverture pour le sable de 0^m,50.

(4)   Id.   id.

(5)   Id.   Engorgement.

Il résulte de ces expériences, que le cube des matières solides entraîné, dépend essentiellement de l'introduction plus ou moins intelligente des sables dans
le courant; lorsqu'elle fut faite dans de bonnes conditions relatives, le rendement put s'élever à dix pour
cent du volume d'eau aspiré.

  L'effet utile du système, dans ces conditions de marche, est par conséquent de 1/5 environ en portant
dans le voisinage de 2, la densité du mélange de matières solides charrié.

Les sables qui ont servi aux expériences avaient

subi déjà plusieurs lavages ; les parties légères avaient été éliminées et il ne restait plus que des sables très lourds, graviers et cailloux de densité comprise entre 2 et 2,50.

Il est bon de noter aussi que l'eau sert ici tout à la fois de véhicule et de remorqueur, et qu'elle ne constitue pas un poids mort dans le sens rigoureux du mot. S'il ne s'agissait que d'entraîner du sable pur, évidemment le cube d'eau serait transporté sans profit, mais le plus souvent l'eau sera chargée elle-même de vase et de boue, et l'effet utile précédent notablement augmenté.

Si l'on voulait établir une comparaison entre ce mode de transport par l'eau et par les moyens ordinaires, il faudrait également remarquer que l'eau remplace un matériel coûteux, qu'il est indispensable de souvent renouveler.

Au surplus, le dixième est un minimum que l'on dépassera, en ayant recours aux artifices qui seront indiqués.

Il est facile, du reste, de s'expliquer pour quelles causes les expériences ne fournissent pas un rendement plus élevé.

Lorsque du sable très lourd, et il avait été choisi ainsi pour se placer dans les conditions les plus défavorables, est entraîné dans une longue conduite à peu près horizontale, il ne se comporte plus comme lorsqu'il est soumis à un courant ascendant dans un tuyau vertical. Quelle que soit la vitesse de l'eau, les matières lourdes, sables quartzeux, graviers, se dé-

Discussion des résultats obtenus.

posent au fond du tuyau par ordre de densité ; les cailloux, les graviers d'abord ; les sables ensuite ; le limon, les vases et les boues légères seules restent en suspension. Par conséquent, la force motrice, au lieu d'agir sur toute la section du tuyau, n'exerce plus guère son action utile que sur une surface très réduite. On remarquera aussi que l'eau qui charrie les sables, a précisément son minimum de vitesse dans les régions voisines des parois de la conduite, là précisément où le sable s'accumule.

Il n'est plus permis, si l'on s'occupe uniquement du cheminement des sables, d'assimiler le travail produit à celui d'un jet entraînant par sa force vive une matière compressible ou incompressible.

On se trouve sensiblement dans le cas d'une rivière dont le fond est soumis à la dégradation d'un courant animé d'une grande vitesse. Si la vitesse de l'eau est suffisante, et le cube introduit convenable, le courant entraîne les matières lourdes en totalité ; sinon, l'eau motrice n'ayant pas la force vive suffisante pour pénétrer dans la matière solide et la désagréger, n'entraîne que la partie superficielle et laisse un dépôt qui augmente sans cesse, jusqu'au point d'obstruer le tuyau. Cet effet s'aperçoit nettement lorsque l'on analyse d'un peu près les différentes phases de nos expériences.

L'introduction du sable ayant lieu par l'entonnoir de 0^{m}20 d'ouverture, aussitôt que l'on commence l'opération, le sable disparaît avec une extrême rapidité ; il met environ 40 à 50 secondes pour parcourir les 100 mètres de la conduite et pénétrer dans la machine. La tranche d'eau, partie en même temps que lui, met

environ 33 secondes. La relation qui lie ces deux vitesses dépend évidemment de la densité des matériaux
entraînés, eu égard à la perte de poids des sables et des
cailloux dans l'eau.

Il se fait pendant le parcours une distribution des
sables et graviers sur le fond du tuyau, absolument
comme elle se fait sur le *flume* et le *long-tom* des mi-
neurs dans le lavage des minerais.

La matière affecte dans la conduite un profil qui varie suivant la proportion relative des sables lourds et
légers.

Au début, le départ des sables se fait avec une
grande rapidité, l'entonnoir a quelque peine à être
maintenu plein. C'est que par suite de l'inégale vitesse
de cheminement de la masse, une seconde tranche
se superpose à la première dans le tuyau, puis une
troisième, etc., de manière à s'emmagasiner jusqu'à un
certain niveau. Les matières supérieures agissent par
leur poids sur les matières inférieures, et celles-ci ne
peuvent elles-mêmes avancer que très lentement;
aussi le volume rejeté à l'extrémité du tuyau est au
commencement de l'opération notablement inférieur
au volume introduit.

Toutefois, en même temps que le niveau du dépôt
s'élève, l'effet utile augmente, car l'eau agit sur une
surface plus large, et le volume liquide entraîné dé-
croît par suite de la diminution de section du tuyau et
de la perte de charge. Il sort de la machine plus de
sable qu'au début.

Néanmoins, si l'on continuait à introduire un excès
de sable aussi considérable, le niveau solide s'élèverait sans cesse, atteindrait et surpasserait le centre du

tuyau ; la largeur utile se réduirait de nouveau ; la
vitesse de l'eau, notablement di-
minuée, agirait encore dans le
même sens pour rendre de plus
en plus petit le cube enlevé
dans l'unité de temps.

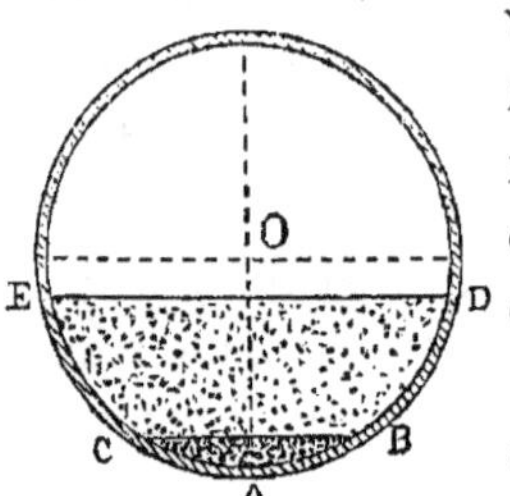

Par conséquent, ou il faut
s'arranger de manière à dimi-
nuer aussitôt la quantité de
sable introduit, ou l'obstruction du tuyau a lieu in-
failliblement.

Lorsqu'après quelques minutes de marche, on arrête
le passage du sable dans la conduite, le débit reste
constant pendant quelques secondes, puis s'accroît
considérablement pour tomber ensuite à près de moitié
et s'annuler peu à peu.

Il y avait à examiner particulièrement cette phase
de l'expérience ; elle pouvait mettre en effet en pleine
évidence les variations du rendement, lorsque le courant d'eau, libre d'agir pour ainsi dire, et n'étant plus
gêné par une introduction peut-être mal proportion-
née, développerait tout son effet utile. On devait en un
mot passer par un maximum qu'il était bon de noter.

Nous avons vu que pour que le cube charrié fût le
plus grand possible, il fallait que le niveau du sable
s'élevât à une certaine hauteur, de manière à étendre
davantage la surface d'action de l'eau, sans que cependant le gain obtenu de ce côté fût annulé par la
diminution de vitesse résultant de la contraction de la
veine liquide.

On comprend très bien que ce maximum devait se
produire un peu après l'arrêt de l'écoulement du sable

dans l'entonnoir, lorsque le courant avait égalisé le niveau et l'avait rendu le plus favorable à l'effet utile.

C'est ainsi que la machine, au moment du dégorgement final, débitait environ le huitième du volume d'eau aspiré; le rendement passait brusquement de 10 à 12 0/0, pour retomber immédiatement à 7 et 5 0/0, et s'annuler.

Ces observations paraissent démontrer que l'introduction du sable dans l'entonnoir, ni avec une ouverture de 0^m,20, ni avec une ouverture double, n'a jamais pu être réglée, malgré nos tâtonnements, de manière à répondre au rendement maximum. Elles prouvent en outre que dans des tuyaux cylindriques, il est indispensable de ne laisser passer dans l'unité de temps qu'un volume de sable rigoureusement déterminé, sous peine d'appauvrissement considérable dans le rendement.

Ces résultats de l'expérience pouvaient être facilement prévus par l'analyse mathématique.

Dès que l'on ne considère plus du sable léger dont chaque molécule est poussée par un filet d'eau correspondant, mais du sable lourd, la matière chemine au fond du tuyau, sans se mélanger sensiblement au jet qui court au-dessus d'elle.

Il se forme deux étages, un pour la matière lourde, l'autre pour l'eau et les vases.

Les boues et les vases faisant à peu près défaut dans les essais du Point-du-Jour, l'eau avançait sensiblement pure au-dessus des sables. Un regard en verre épais ménagé dans le tuyau a permis de contrôler cette assertion.

Examen analytique du cheminement des sables dans les tuyaux.

Dans ces conditions de fonctionnement, il est clair que le cube de sable entraîné grandit à mesure que le niveau de la matière s'élève ; mais en même temps il se produit une perte de charge correspondante. La vitesse de l'eau est diminuée d'un côté par l'absorption de force vive résultant du choc du liquide contre les sables, et de l'autre par la contraction de la veine motrice.

Dans les parties inférieures du tuyau, l'eau se meut avec la vitesse des sables, dépendante elle-même de leur densité ; dans les parties supérieures, avec la vitesse résultant de la diminution de section du tuyau. En sorte que l'on a dans la conduite deux tranches théoriquement bien tranchées et de vitesses très distinctes.

La vitesse moyenne donne le moyen d'évaluer la perte de charge.

Il est inutile de se préoccuper autrement, dans l'analyse de la question, de la vitesse de la couche inférieure : eau et sable, puisqu'elle est absolument liée à la vitesse de l'eau dans la couche supérieure.

$$v = f\ (d.\ V.)$$

Il suffit de déterminer l'une pour avoir l'autre.

Nous examinerons par conséquent les variations de la vitesse du jet dues à la contraction ; les variations de la vitesse dues au frottement contre le sable restant fonction des précédentes. Et, d'ailleurs, la vitesse ainsi déterminée éclairerait suffisamment sur la perte de charge dont on doit tenir compte dans la pratique.

Ceci posé, il est clair qu'il existe une certaine tranche ou corde A B., et une certaine vitesse V de l'eau pour lesquelles la surface de sable entraînée sera la plus grande possible. On peut déterminer cette corde et cette vitesse.

On s'écartera peu de la vérité en admettant ici que les vitesses varient comme les racines carrées de $r + h$.

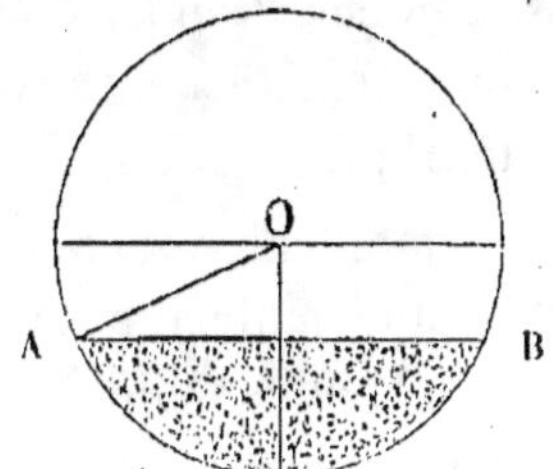

h désignant la distance variable du centre à une certaine corde A B.

On a :

$$y = k c \sqrt{r + h}$$

Différentiant cette fonction, nous aurons le maximum par la méthode connue.

On obtient pour h la valeur $\frac{1}{3} r$;

Ou pour la flèche correspondante à la corde la plus convenable, $\frac{2}{3} r$.

Dans le calcul précédent, nous avons supposé que l'épaisseur du sable enlevé restait constante. Il n'en est pas ainsi en réalité, et la vitesse de l'eau doit modifier nécessairement le facteur c, qui entre dans l'expression du cube réel entraîné, $c\,v\,c$.

Une molécule solide m est sollicitée par la force M V des filets d'eau qu'elle rencontre, et prend une vitesse déterminée par la relation

$$m\,v = M\,V.$$

La molécule m_2, de même masse, supporte au-dessus d'elle la molécule m_1 ; par conséquent, la molécule d'eau correspondante lui imprime une vitesse moindre. De même pour m_3, pour m_4, etc. Les vitesses décroissent pour chaque tranche en raison géométrique.

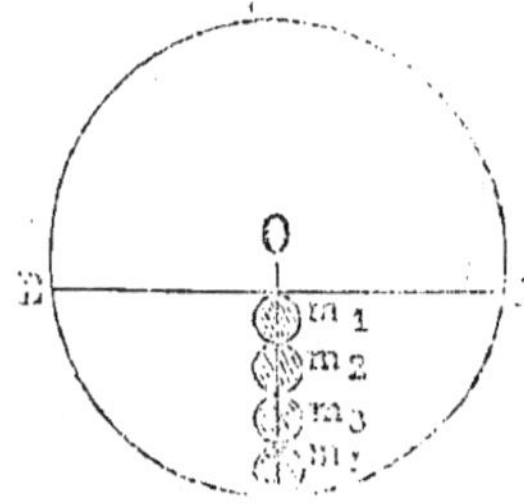

Lorsque l'eau est parvenue à une molécule telle qu'elle ait au-dessus d'elle m_n molécules solides, sa puissance vive sera devenue impuissante à l'entraîner et sera inutilement absorbée ; or, cette puissance vive étant $\frac{1}{2} m v^2$, on voit que l'on s'éloignera peu de la vérité en pratique lorsque l'on admettra que l'épaisseur de la tranche entraînée croîtra ou décroîtra comme le carré de la vitesse.

Par suite, il est bon de ne pas négliger e dans l'expression du cube $e\,v\,e$, et la fonction précédente prend la forme :

$$y = e\,v^3$$

Prenant la dérivée de cette fonction, et l'égalant à zéro pour avoir le maximum, on obtient l'équation du 4ᵉ degré :

$$5\,x^4 + 12\,r\,x^3 + 6\,r^2\,x^2 - 4\,r^3\,x = 3\,r^4.$$

satisfaite par la valeur applicable au cas particulier du problème

$$x = \frac{2}{3}\,r.$$

Enfin, si l'on prend garde qu'en définitive le rendement effectif ne croît pas seulement en raison du cube enlevé, mais aussi, en raison de la diminution du volume d'eau charriée, on voit qu'il y a avantage à élever le plus possible le niveau du sable dans le tuyau, tout en restant dans les limites indiquées par le calcul. Par suite, la hauteur $\frac{2}{3}r$ est trop forte et la hauteur $\frac{1}{3}r$ est trop faible. C'est une hauteur intermédiaire qui doit être la meilleure.

Elle correspond en effet au [maximum de la fonction :

$$\frac{\sqrt{r^2-h^2}\,(r+h)}{\pi r^2 + ch - \arcsin c}$$

On peut prendre dans la pratique :

$$h = \frac{r}{2}.$$

Il résulte de là que pour que le rendement devienne le plus favorable, il faut maintenir le tuyau plein de sable au quart du diamètre environ. Si le sable dépasse notablement cette cote, l'eau perd assez de sa vitesse, pour que l'effet utile s'en ressente ; le cube enlevé diminue. Si au contraire le sable ne s'élève pas assez haut, l'eau travaille avec perte et le rendement est encore une fois appauvri.

Ces diverses observations ont été confirmées par des expériences dirigées spécialement dans le but de les vérifier. On a constaté, qu'en effet, il n'y avait aucun avantage à augmenter au-delà d'une certaine limite la quantité de sable introduite dans l'unité de temps. Le rendement, loin d'augmenter, restait stationnaire et finissait par baisser.

Pour vérifier, si réellement la hauteur de sable correspondante à une flèche égale à la moitié du rayon était bien la plus favorable, on eut recours au moyen suivant :

On nota avec soin la hauteur à laquelle l'eau s'élevait dans l'entonnoir pendant l'écoulement du sable.

En marche avec de l'eau pure, la dénivellation représentait la charge utile, abstraction faite du travail absorbé par la contraction de la veine et les frottements dans la conduite.

Cette charge était donnée par la relation

$$V = k \sqrt{g\,H}.$$

La vitesse étant de 3 mètres et le coëfficient k étant voisin de $0^m,75$, on obtient pour H. le nombre $0^m,70$.

Au surplus, comme il pouvait y avoir incertitude sur la valeur de k, la hauteur $0^m,70$, à quelques centimètres près, fut déterminée directement. Les eaux de la Seine s'étant élevées de 10 centimètres, on put reconnaître que la position du tuyau coïncidait précisément avec le niveau de la dépression atmosphérique.

Aussitôt que le sable était introduit, il y avait perte de charge, la dénivellation diminuait. Elle variait de 0 mètres à 50 centim. et même plus, au fur et à mesure que l'on hâtait la vitesse d'écoulement du sable.

En prenant la dépression qui précisément correspondait à l'effet utile moyen, on trouve $0^m,30$ environ.

D'où

$$V = k. \sqrt{2\,g.\,0,50} = 2^m,40.$$

Vitesse correspondante à une obstruction égale à environ $0^m,085$ de hauteur de sable.

Lorsque la dépression ne dépassait pas $0^m,20$, la vitesse atteignait $2^m,50$, vitesse encore un peu trop faible pour atteindre la vitesse correspondante au chargement le plus convenable. Il eût fallu régler duction de manière à maintenir le sable à une hauteur de $0^m,05$ dans le tuyau de $0^m,20$ de diamètre ; la vitesse, dans ce cas, eût atteint $2^m,60$. L'installation du Point-du-Jour ne permit pas de pousser plus loin ces vérifications expérimentales.

Celles qui ont été faites suffisent néanmoins pour montrer toute l'importance que joue le dosage du sable dans la conduite.

La dernière phase du cheminement de la matière solide, avant l'interruption de l'écoulement, rend encore le fait très sensible. Le niveau du sable ne doit pas s'élever beaucoup au-delà de $\frac{r}{2}$, soit dans les tuyaux de $0^m,20$ à plus de $0^m,05$.

Or, dans les essais, la tendance naturelle que l'on a à forcer la marche, fait presque toujours maintenir le sable au-delà de ce niveau. Aussi passe-t-on par un maximum relatif pour atteindre, pendant le dégorgement et pendant quelques secondes seulement, le niveau le meilleur et le véritable maximum du rendement.

Sans s'arrêter davantage sur ces considérations, il est permis d'avancer que lorsque du sable est entraîné dans les conditions indiquées par le calcul et la pratique, le rendement du nouveau système s'élève de 10 à 12 0/0, soit de 1/10 à 1/8 ; tout en tenant compte des erreurs expérimentales, il ne faudrait pas compter sur un effet utile beaucoup plus considérable.

Il résulte de là cette conséquence inévitable : c'est qu'avec les tuyaux expérimentés, les inventeurs se trouveront toujours en face de cette difficulté : ou répartir convenablement le sable dans les conduites, ou abaisser aussitôt le rendement de 12 0/0 à 10, à 8 et même à 5 0/0.

Il est facile de remarquer que si l'effet utile, déjà peu considérable, tend à descendre encore beaucoup lorsque la répartition du sable est mauvaise, l'inconvénient est dû presque tout entier à la forme même des tuyaux.

En effet, avec la forme circulaire, la surface AB varie 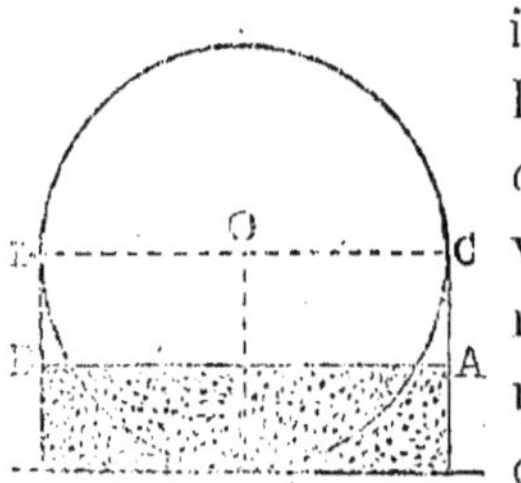 immédiatement beaucoup avec la quantité de sable introduite dans les tuyaux pour une même vitesse de l'eau. De là les variations correspondantes dans le rendement. Il est clair que ce côté vicieux du système disparaît de lui-même, lorsqu'on adopte la disposition figurée.

Quelle que soit la quantité de sable introduite, le jet moteur exercera toujours son action sur la plus grande surface possible, puisque la corde A B atteint ici son maximum.

Mais dans ce cas comme précédemment, il ne faudrait pas cependant que le niveau du sable dans les tuyaux fût trop élevé ; autrement il se produirait encore une diminution de vitesse, qui réduirait considérablement le rendement.

Comme la tranche de sable enlevée n'aura pas, pour de forts diamètres, l'épaisseur d'un demi-rayon, on pourra donner à la portion rectangulaire de la conduite une hauteur plus faible que celle qui a été figurée sur le croquis ci-joint.

On pouvait se demander, au surplus, quel serait le chemin de largeur c recouvert par une voûte ayant pour flèche $r + h$, dont les dimensions relatives se-

raient les plus convenables pour atteindre le plus
grand rendement possible.

Il semble de premier abord qu'il y ait tout avantage
à augmenter la corde A B.
Mais en examinant la question de plus près, on retom-
be sur les équations pré-
cédentes. Il faut, d'après l'a-

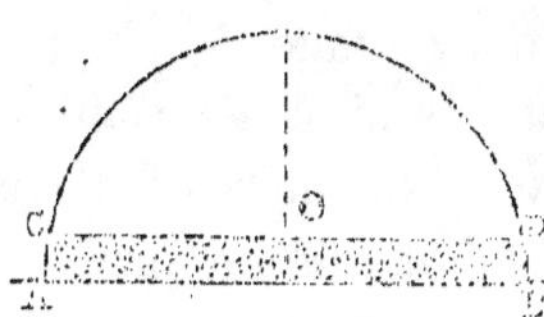

nalyse, s'arrêter à la corde qui répond dans un cercle
à la flèche $r + \frac{r}{2}$. On déduit par suite que la hauteur du sable la plus favorable est, en prenant pour
origine le fond du tuyau, $\frac{r}{2}$.

Il va de soi que ce qui est vrai pour la forme
circulaire, l'est à plus forte raison pour toute autre
section conique.

En adoptant pour le tuyau la forme précédente, on
élève le rendement dans une forte proportion. Il passe
aussitôt de 1/10 aux environs de 1/5; il est au moins
doublé.

Cet effet utile ne sera sans doute pas régu-
lièrement obtenu en pratique. La répartition inégale
des sables le long du tuyau amènera une perte de
vitesse appréciable; mais même dans des conditions
de marche relativement mauvaises, il est permis de
présumer que le rendement ne descendra guère au-
delà de 1/7.

Cette augmentation est assez grande pour que l'on
n'hésite pas à essayer la forme déduite de l'analyse.
Bien que le modèle auquel on soit conduit ne se fasse
pas en fabrication courante dans l'industrie, il est de
ceux qui pourront se construire sans difficulté.

Nous admettrons néanmoins pour laisser encore

toute marge à l'inconnu, dans les évaluations qui suivront, comme rendement normal 1/8, soit 12 0/0.

Les expériences précédentes ont été faites avec une vitesse de l'eau égale à 3ᵐ. On est, en effet, porté à penser tout d'abord qu'il y a avantage à adopter de grandes vitesses. Il n'en est pas ainsi en réalité. Car avec les grandes vitesses, le poids mort de l'eau charriée dans l'unité de temps, augmente en proportion, et l'effet utile reste le même.

On a, en effet, pour le cube de sable enlevé

$$c\,v^3 = c\,n\,V^3$$

mais le cube d'eau est égal à S V, d'où le rendement

$$R = \frac{c\,n\,V^3}{SV} = \frac{c\,n}{S}\,V^2$$

Par conséquent, le rendement croit ou décroit comme le travail moteur. Il n'y a par suite aucun avantage réel à marcher à de grandes vitesses.

La vitesse la plus appropriée au système dépendra évidemment de la densité des matériaux à enlever. La limite inférieure de vitesse se trouve par cela même précisée à l'avance. Les sables lourds et les silex pouvant atteindre 2.50 de densité, il sera bon, en général, de ne pas descendre au-dessous de la vitesse de 2ᵐ, et pour de petites distances on pourra très bien aller jusqu'à 3 mètres.

Dans tous les cas, si l'on se reporte au tableau ci-joint, on comprend qu'il faudra toujours, eu égard aux matériaux, adopter une vitesse telle, qu'avec la perte de charge produite par leur cheminement, on n'atteigne pas le minimum indiqué par les chiffres suivants:

Terres détrempées commençant à être enlevées par des eaux
ayant une vitesse de .... $0^m,08$
Sables non aglomérés .... $0^m,30$
Graviers.. $0^m,60$
Cailloux .... $0^m,61$
Pierre cassée, silex... $1^m,22$

Quant à la perte de charge, résultant de l'entrainement des sables, elle peut se déterminer une fois
pour toutes, puisqu'elle reste la même, quel que soit
le diamètre du tuyau dès que l'on s'astreint à maintenir le niveau des sables à la hauteur r. N'a-t-on
pas, en effet, très sensiblement, u, étant la vitesse
de l'eau après la contraction,

$$\frac{u}{V} = \sqrt{\frac{r + \frac{r}{2}}{2r}} = 0,85$$

Il importe aussi de se rappeler que l'eau sert ici
également d'outil élévateur. La vitesse minimum devra
encore être réglée par la nécessité où l'on se trouvera,
de non-seulement transporter, mais encore élever la
matière depuis le fond de la mer jusqu'à la conduite.

L'effet utile réel du nouveau système ainsi précisé,
il n'était pas inutile d'examiner brièvement son meilleur mode d'emploi. $\qquad$ Détails d'installation.

Dans les expériences du Point-du-Jour, on chargeait l'extrémité du tuyau à la pelle. Il ne faudrait pas
admettre, en effet, que l'aspiration du tuyau pût jamais entraîner d'elle-même le sable tassé par la pression de l'eau au fond d'un port ou d'une rivière. Il
nous paraît absolument nécessaire d'ameublir le sable

d'abord, de le mettre à portée du tuyau d'aspiration et même de le déposer dans le courant, comme dans nos expériences.

Pour cela un agitateur devra soulever les sables à la prise d'eau ; une sorte de chaîne sans fin, munie de lames courbes, pourra sans doute plus avantageusement aussi labourer le sable et aller le déposer, à la manière des godets d'une drague, dans une large baie de trop-plein débouchant dans le tuyau d'aspiration.

La chaîne motrice sera fixée à l'extrémité d'une élinde, portée par le remorqueur du tuyau aspirateur.

Avec les tuyaux de petit diamètre employés au Point-du-Jour, il eût été impossible d'aspirer les sables à quelques centaines de mètres d'une manière continue.

La force d'aspiration limitée à une atmosphère serait insuffisante pour des distances pratiques de 1000^m. Pour un tuyau de 0^{m}60 de diamètre, la perte de charge à 500^m pour une vitesse de 3^m, s'élève à 10^m.

Il était naturel de modifier le système en utilisant non-seulement le courant d'aspiration produit par une pompe, mais surtout le courant de refoulement.

En conséquence, les sables ameublis et aspirés jusqu'à la machine devront ensuite être repris par un courant d'eau forcée et transportés jusqu'à la décharge.

Bien que l'on soit arrivé à construire des pompes recevant du sable dans leurs cylindres ou leurs carapaces, cette introduction directe des graviers est à éviter pour un travail de quelque importance. Les organes se fatiguent, le rendement diminue. Nous préférerions faire pénétrer les matières dans une bâche intermédiaire et les faire reprendre dans cette bâche

par le courant d'eau forcée. De cette manière, la
pompe n'aura plus d'autre but que d'engendrer la
force motrice. La bâche, sorte de changement de voie,
opérera le transport de la matière du chemin d'aspiration dans le chemin de refoulement.

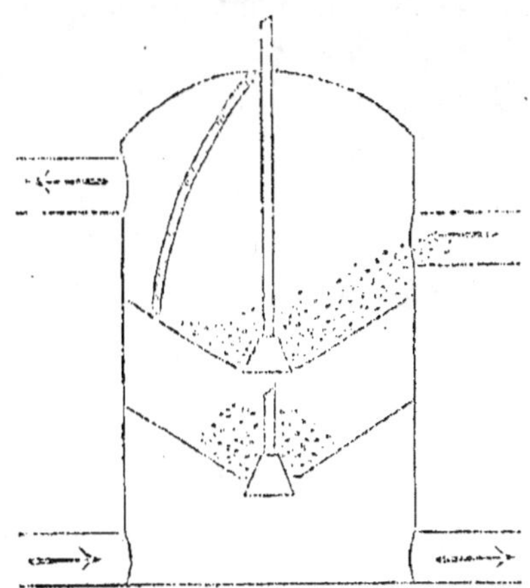

Le courant pé-
nétrant sans in-
terruption dans
le réservoir, on
évitera ainsi des
changements de
vitesse préjudi-
ciables que l'on
eût été obligé de
subir, si un clapet
quelconque eût
périodiquement
séparé la conduite
d'aspiration de la conduite de refoulement.

Les coups de bélier, atténués d'ailleurs par des soupapes le long de la conduite, seront encore diminués
par ce grand réservoir intermédiaire.

Avec ce dispositif, il est évident que l'on peut atteindre de grandes distances et que la solution du
problème n'est plus dominée que par des considérations économiques.

La bâche intermédiaire, construite en forte tôle,
sera formée par trois compartiments distincts et super-
posés: le premier réservé au courant d'aspiration, le
second tour à tour en communication avec le précédent et le suivant, le troisième en relation directe
avec le courant de refoulement.

Par conséquent, la matière tombera dans le récipient supérieur, descendra dans le récipient du dessous ; lorsque la communication sera interrompue, avec le courant d'aspiration s'ouvrira en même temps la communication avec le courant de refoulement. Les matériaux descendront dans le récipient inférieur et seront enlevés par le courant forcé.

Plusieurs dispositions se présentent à l'esprit pour la construction de la bâche intermédiaire ; elles feront l'objet des études de détail du projet définitif d'exécution.

Dans tous les cas, si son emploi offrait quelque inconvénient en pratique, on tournerait toujours la difficulté en scindant le problème en deux et en séparant le courant d'aspiration du courant de refoulement. On en serait quitte pour avoir recours à deux batteries de pompes, au lieu d'une, la batterie d'aspiration et la batterie de refoulement.

Dans le projet définitif d'installation, il y aura lieu en somme d'étudier :

1° Le moteur et la pompe ;

2° La conduite ;

3° L'alimentation de sable.

Il ne rentre pas dans le cadre de cette esquisse d'examiner ces détails importants de construction.

Qu'il nous suffise de dire qu'ils ne nous paraissent présenter aucune de ces difficultés que ne puisse surmonter l'art de l'ingénieur.

On établit tous les jours de vastes conduites d'eau, et le problème est ici de même ordre. On refoule même directement sans bassin d'alimentation intermédiaire, jusqu'à des distances énormes. L'établissement hydraulique destiné à alimenter d'eau douce tous les chantiers et campements compris entre Ismaïla et Port-Saïd refoule l'eau à 79 kilomètres. La pression dans les conduites s'élève à 6 atmosphères. On a établi le long de la conduite, pour éviter les accidents provenant des coups de bélier, des soupapes fonctionnant comme celles des machines à vapeur.

Les pertes de charges croissant considérablement avec la diminution des diamètres, le système nouveau sera d'autant plus avantageux que l'on agira sur très grande échelle. C'est par centaines de mètres cubes à l'heure qu'il sera bon de soulever et d'entraîner les eaux et le sable, et il ne faudra pas craindre, au besoin, de mettre en service des forces motrices de plusieurs centaines de chevaux-vapeur.

On sait tous les inconvénients des usines hydraulique à machines de Cornouailles, toutes les lenteurs et les difficultés inhérentes à de semblables installations. Il nous paraît préférable de scinder la force motrice, d'augmenter le nombre des pompes tout en les faisant travailler dans la même bâche.

Les moteurs et les pompes pourraient être disposés le long du port, ou dans des cas spéciaux, sur un chaland amarré au quai. Quelquefois même, si le tuyau d'aspiration devait avoir une trop grande étendue, ou si les basses marées abaissaient trop le niveau des eaux, rien n'empêcherait de placer les pompes et la bâche de refoulement sur un chaland, et les moteurs à 100^m et même 200^m du quai.

Les transmissions télodynamiques de M. F. Hirn permettent d'envoyer facilement la force motrice à des distances beaucoup plus grandes.

Jusqu'ici on a surtout employé comme moteurs les machines de Watt et les grandes pompes à balancier. Nous ne pensons pas qu'il faille avoir recours à cette installation monumentale pour l'application proposée. Il ne s'agit plus ici d'un service absolument régulier et de très longue durée. Les travaux d'épuisement seront intermittents, et les installations provisoires. Il semble qu'il soit plus rationnel d'adopter les machines modernes à haute pression et condensation (type condenseur à piston plongeur, machines Witworth et Porter, condenseurs de M. Dupuy de Lôme, etc.), conduisant des pompes rotatives à grand débit et grande vitesse. Sinon, dans beaucoup de cas, il y aura avantage à se servir de machines marines et de disposer de toute la puissance motrice d'un moteur de bateau pour actionner les pompes.

On commence à revenir beaucoup sur le compte des pompes à mouvement continu. Les pompes à double et triple carapace peuvent d'ailleurs refouler l'eau jusqu'à 70 mètres de hauteur et même plus. Le rendement est dans ce cas inférieur à celui des bonnes pompes à mouvement alternatif; il peut cependant s'élever jusqu'à 60 0/0, et il ne descend pas au-dessous de 50 0/0 pour les appareils bien proportionnés. Leur grande commodité d'installation, leur régularité de fonctionnement, leur bon marché, leur petit volume, les désignent naturellement à l'attention des ingénieurs pour l'application du nouveau système. On construit maintenant des pompes rotatives débitant jusqu'à 5,000 mètres à l'heure.

Ce type convient d'ailleurs le mieux pour des moteurs à haute pression.

Si les entrepreneurs avaient à leur disposition des machines de bateau, à basse ou moyenne pression, on établirait dans ce cas de véritables batteries de pompes à balancier, dont le mouvement engendrerait le courant dans les conduites d'aspiration de refoulement.

Le tuyau de refoulement partirait du chaland pour s'élever ensuite et suivre le tracé le plus favorable jusqu'à la mer ou bassins, lacs et marais à remblayer.

Quant à la conduite du courant d'aspiration, formée de tuyaux réunis à genouillères, elle se développera dans le port au fur et à mesure de l'avancement du travail. Elle sera maintenue à la surface par des alléges ou à quelque distance du fond, pour ne pas gêner la navigation. Son extrémité portée par un puissant remorqueur sera constamment alimentée de sable par le diviseur de fonds.

Il n'est pas inutile de faire remarquer que le plus souvent on pourra économiser notablement la force motrice par un artifice très simple. L'eau à basse mer descend à plusieurs mètres au-dessous du quai; de là la nécessité apparente de soulever jusqu'à huit, dix mètres, et plus quelquefois, suivant la topographie de la berge, de très grandes masses d'eau. On peut tourner cette difficulté, en maintenant plongée dans la mer l'extrémité du tuyau de décharge. La conduite constituera un puissant siphon, et il ne sera plus besoin que de dépenser la force motrice nécessaire à vaincre les frottements de l'eau et des sables dans la canalisation. Des clapets de retenue, convenablement placés, permettront d'ailleurs de réaliser toujours les conditions exigées pour le bon fonctionnement du siphon.

Dans les calculs qui suivront, on se basera sur l'hypothèse où le travail moteur est réduit à vaincre les frottements ; cette hypothèse deviendra une réalité dans presque toutes les circonstances, car chaque fois que le niveau de la décharge sera inférieur ou tout au moins égal au niveau des eaux aspirées, on pourra siphonner les matières et économiser ainsi la force motrice qui eût été nécessaire pour soulever les eaux et les sables jusqu'au point le plus élevé de la canalisation. Quelquefois, il sera même possible d'utiliser la différence d'altitude du point d'extraction et du point d'arrivée pour compenser une partie des pertes de charge.

Il ne se présentera que des cas très rares, où il sera indispensable de monter les sables sur une berge comme à Suez ou dans un marais ou un lac à combler, et de niveau notablement plus élevé que celui de la ligne d'eau du canal ou du port. On pourra néanmoins encore bénéficier le plus souvent des avantages du siphon.

Au point de décharge, une bâche de réception munie de tiroirs jouant alternativement, permettra toujours de recueillir les sables amenés par le courant ascendant, de les soustraire à son action et de ne laisser passer que l'eau du courant descendant.

Ce détail d'installation n'est pas sans importance ; il permettra en effet d'économiser une très grande somme de force motrice ; il rend par cela même le système pratique dans la majeure partie des circonstances.

Pour Suez, par exemple, s'il fallait élever les sables le long de la banquette à 12 mètres, 15 mètres et même

20 mètres, l'avantage du nouveau procédé n'eût pas été sans être considérablement amoindri. Avec la modification indiquée, des machines de force restreinte suffiraient pour effectuer le travail avec une extrême rapidité. Chaque moteur de 50 à 60 chevaux enlèverait en dix heures environ 3,000 mètres cubes, soit par mois un rendement voisin de 100,000 mètres cubes, quand celui des dragues actuels n'est que de 25,000 mètres cubes.

La généralisation de l'emploi du siphon apporte un grand secours au procédé Vergniais et Chéron.

Nous mentionnerons aussi la nécessité de placer par cent cinquante mètres environ des soupapes de sûreté ou de petits réservoirs à air destinés à anéantir les coups de bélier et à faciliter le dégorgement des tuyaux dans le cas où une manœuvre malhabile aurait causé dans le parcours une obstruction momentanée.

Les engorgements ne se produiront que difficilement, lorsque l'appareil fonctionnera avec un bon diviseur des sables et un bon régulateur de l'introduction. Si, en effet, par suite d'une augmentation de vitesse impossible à prévoir dans l'alimentation, le bout du tuyau se trouvait obstrué, la vitesse de l'eau serait immédiatement ralentie et le sable ne serait plus aspiré en aussi grande quantité; le courant d'eau devient lui-même le régulateur automatique de la marche.

En tout cas, quelques secondes de marche à l'eau pure, l'ouverture d'un des réservoirs d'air le long de la ligne suffiraient toujours à faire disparaître l'obstruction.

Du reste, des manomètres et des indicateurs à niveau, des compteurs, indiqueront avec précision la vitesse de marche de l'eau, le cube de sable enlevé, et renseigneront les surveillants sur le travail effectif réalisé sur tout le parcours de la conduite.

Nous n'avons pas à mettre en évidence l'influence considérable des pentes et de leur bonne répartition sur l'ensemble du trajet. Il y aura souvent des circonstances où il sera bon d'élever la conduite presque verticalement pour la faire redescendre ensuite, si les accidents des terrains le permettent, suivant une inclinaison convenable. Les pentes diminuent les pertes de charge.

Tous ces détails ne sont pas de notre ressort, et nous n'avons qu'à en signaler l'importance pour l'exécution du projet.

Ce coup d'œil, si rapide qu'il soit, sur l'ensemble du système suffit pour en montrer toute la fécondité. Il est certain que l'on peut créer, par les dispositions indiquées, des courants, de véritables petites rivières artificielles susceptibles de débiter, par journées de dix heures, jusqu'à 40 ou 50,000 mètres cubes. Ces torrents, emprisonnés dans les conduites, assouplis et maîtrisés, pourront transporter leurs 5,000, 6,000 et 7,000 m. c. et sans doute encore davantage par jour.

Ces résultats remarquables ne sont obtenus, en définitive, que par une imitation raisonnée des moyens mis en œuvre par l'Océan lui-même. Les fleuves et la mer charrient des milliers de mètres cubes et les refoulent souvent jusque dans nos ports; il était naturel de renvoyer à la mer, par des cours d'eau rapides, ces masses de sable et de galets. C'est à l'eau à renvoyer ce que l'eau a apporté.

Dans le système ordinaire, on va jeter à deux kilomètres, et plus, les déblais dragués; peut-être ne choisit-on pas toujours rationnellement le point de décharge, et il peut survenir que des courants de fond ramènent progresssivement, jusque dans le chenal, les matériaux transportés si coûteusement. Rien n'empêchera, dans le système Vergniais et Chéron, d'utiliser mieux les déblais, soit en les portant dans une anse à l'abri des courants, et de manière à ce qu'ils remblayent les terres attaquées par la vague; soit en couvrant des champs et même des plaines marécageuses, soit en comblant des lacs ou des lagunes.

Il est à noter encore qu'en définitive le système ne sert pas seulement à porter les sables, mais surtout les boues, les vases et les eaux chargées de détritus et de débris organiques. Très souvent, les eaux pourraient être utilisées pour le colmatage des terres.

Les chemins hydrauliques créent, au surplus, toute une série d'applications importantes, faciles à pressentir; transport rapide des matériaux dans certains cas; transport des minerais de l'exploitation à l'usine... etc.

Enfin, on aura remarqué que l'invention en elle-même comporte deux idées distinctes : le dragage et l'élévation des déblais; le transport.

Il pourrait se faire, dans quelques circonstances, qu'il devînt difficile, onéreux, de transporter les matériaux au loin par l'intermédiaire d'une conduite forcée. Le système n'en resterait pas moins applicable au dragage et à l'élévation. Un simple courant d'aspiration amènerait les sables désagrégés par un diviseur dans des bateaux munis d'un trop plein. La marche en avant ou en arrière du chaland armé d'une hélice et de lames tranchantes serait suffisante pour ameublir les sables et les déposer à portée du tuyau.

Il y a lieu, en effet, de préciser, comme nous le faisons plus loin, la distance de transport jusqu'à laquelle il y aura économie à se servir du chemin hydraulique ou d'avoir recours quelquefois à un système mixte, transport par remorqueur et par conduite forcée.

En somme, au point de vue technique, il est permis d'adopter en principe l'idée féconde en conséquences utiles de MM. Vergniais et Chéron, et de la considérer comme applicable aux travaux publics.

Il nous reste cependant, pour épuiser le sujet sous ses différentes faces, à examiner une question qui doit, jusqu'à un certain point, primer les autres ; nous voulons parler de la valeur économique du nouveau système.

Examen comparatif du procédé de dragage actuel et de la méthode proposée.

Il ne suffit pas, en effet, que l'invention de MM. Vergniais et Chéron soit réalisable, il faut encore qu'elle ne conduise pas à des frais d'exploitation ou de construction trop onéreux.

En un mot, de quel côté se trouve l'économie ? Du côté de la méthode actuelle de dragage ou du côté du système proposé ?

Une bonne drague, avons-nous dit, n'enlève pas par jour plus de 700 à 800 mètres cubes.

En moyenne, les entrepreneurs ne comptent pas sur

un rendement supérieur à 650 m. c. pour dix heures de travail. Le cube enlevé par les dragues de Suez ne dépasse pas généralement 700 m. c., et ces dragues puissantes n'ont rendu cet effet utile qu'après des perfectionnements nombreux, après les leçons d'une expérience continuelle de plusieurs années, et l'institution de primes accordées aux ouvriers.

En travaillant de douze à quinze heures par jour, et tenant compte du chômage, le total enlevé par lesgrandes dragues de Suez atteint 25,000 m. c. au bout du mois.

Chaque chaland dragueur exige généralement à Suez, comme ailleurs, deux et même quelquefois trois bateaux remorqueurs quand les distances de transport deviennent grandes.

Les bateaux chargés de sable varient de nombre ; à Suez, chaque gabare en remorque six ou sept ; dans d'autres travaux, où le matériel est moins parfait, ce nombre est presque double.

Une drague exige au moins 35 chevaux nominaux de force ; chaque remorqueur est de 50 à 60 chevaux.

Le personnel employé est considérable ; il s'élève généralement dans ce genre de travaux pour le chaland dragueur, et pour les remorqueurs, à 33 personnes (1).

(1) Dans le port de Brindisi en particulier, où les dragages se font aussi sur grande échelle, chaque chaland dragueur compte à bord :

1 mécanicien à.............	250 fr. par mois.	
1 chauffeur à..............	100	—
1 aide-mécanicien à.......	150	—
8 mariniers à 70 fr........	560	—
2 mousses à 35 fr..........	70	—

Pour chacun des 2 bateaux à vapeur qui le desservent :

1 mécanicien à.............	250 fr. par mois.	
1 chauffeur à..............	100	—
1 capitaine à..............	200	—
7 mariniers à 70 fr........	490	—

Il résulte de ces chiffres que, pour enlever en 10 heures 700 m. c. et les transporter au large, la méthode actuelle de dragage nécessite au moins, en force motrice, 155 chevaux-vapeur.

Dans le nouveau système, il faudrait entraîner environ 5,000 mètres cubes d'eau pour enlever 700 m. c. dans le même temps.

En admettant que la vitesse de l'eau fût de 2^m, la conduite devrait avoir un diamètre voisin de 0^{m}30. La perte de charge est d'environ 0^{m}02 par mètre.

Si l'on ramène, suivant l'habitude, les évaluations pour le transport à la distance type de 1 kilomètre, la perte de charge pour mille mètres s'élève à 20 mètres. La force mécanique nécessaire est donc en eau montée de 37 chevaux. En égard au coëfficient de rendement du moteur et de la pompe, c'est une machine de 70 chevaux que nécessiterait le nouveau système; en y ajoutant 50 chevaux pour le chaland et l'appareil diviseur, on arrive au total de 120 chevaux vapeur (1).

L'avantage de la nouvelle méthode sur l'ancienne s'accuse déjà par cette comparaison rapide ; toutefois il ne devient manifeste que lorsqu'il s'agit de remuer de grandes masses.

La conduite atteignant un diamètre voisin de 0^m,42, la perte de charge ne serait plus, pour 1,000 mètres, que de 13 mètres, et la force nécessaire pour enlever et transporter 1,500 m. c., que de 47 chevaux bruts, soit, y compris la force motrice du chaland porteur,

(1) On adopte ici, pour rendement de la pompe, le chiffre un peu bas de 0,60, qu'il ne faudrait cependant pas espérer dépasser, si l'on se servait de pompes rotatives.

une puissance motrice effective de 145 chevaux. Deux dragues exigeraient 300 chevaux.

Le gain en faveur du procédé Vergniais et Chéron s'élève déjà à 155 chevaux-vapeur; et on ne tient compte ici ni de la grande diminution du matériel, ni de la grande réduction du personnel.

La supériorité du système, déjà évidente au point de vue économique, augmente considérablement pour des cubes importants. *Puissance d'action de la nouvelle méthode.*

Si, pour rester dans des limites déjà grandes, mais encore largement admissibles, et qu'il sera quelquefois avantageux de dépasser, on porte dans le voisinage de 30,000 mètres cubes le volume d'eau à entraîner par journée de dix heures, on obtient, en adoptant par prudence le rendement minimum de 1/8, un déblai de 3,750 m. c.

Le débit de la rivière artificielle doit être par seconde d'environ 800 litres.

Dans ces conditions, en tenant compte des pertes de charge (1), le nouveau système nécessite une force effective de 180 chevaux, à laquelle il y aura encore à ajouter 50 chevaux pour le remorqueur.

Pour obtenir un pareil débit avec le système actuel, il faudrait six dragues et dix remorqueurs, soit 800 chevaux : gain en faveur du nouveau système, 300 chevaux.

Il est inutile de poursuivre cette comparaison. Avec

(1) Pertes de charge dues au frottement non seulement de l'eau, mais des sables.

des conduites de diamètre de plus en plus grand, l'économie croît en proportion, et là où la multiplicité des dragues des remorqueurs et des bâteaux finirait par rendre la méthode actuelle impraticable, le système Vergniais et Chéron atteint précisément le maximum de sa valeur économique.

Dans les évaluations précédentes, nous n'avons considéré qu'un transport à la distance type de 1,000 mètres.

En général, dans les transports des matériaux enlevés, les frais considérables pour les 1,000 premiers mètres, à cause de la fouille et du chargement, deviennent relativement insignifiants pour les kilomètres suivants. Il en est surtout ainsi pour le transport par eau, et par conséquent pour le système actuel de dragage.

Les remorqueurs peuvent très-bien conduire les bateaux à deux kilomètres, trois kilomètres, cinq et même six kilomètres. Les prix accordés à l'entrepreneur croissent en conséquence, mais de quelques centimes seulement en plus des prix accordés pour le premier kilomètre.

Cette facilité que l'on a de porter loin, sans augmentation sensible de dépenses, avec le système actuel, crée pour le système rival un désavantage qu'il ne faut pas méconnaître et qu'il importe d'apprécier.

Avec les dragues, entre 1,000 mètres et 4,000 mètres, la force motrice, reste à très-peu près constante; avec les chemins hydrauliques, elle croît dans le même rapport que la distance à franchir. La force motrice évaluée à 180 chevaux, pour un kilomètre, devient de 360 chevaux pour 2 kilomètres, de 720 pour quatre kilomètres. Chacun de ces nombres devra être augmenté de 50 à 60 chevaux, pour tenir compte de la force motrice du remorqueur.

Il ne faudrait pas en conclure trop vite que l'avantage reste à l'ancien système. La supériorité de l'un sur l'autre n'est pas seulement dépendante de la force motrice : il devient utile de creuser davantage la question, et de mettre en regard les éléments divers qui dominent le résultat définitif.

Pour une distance de 4 kilomètres et un cube de 3,750 mètres, on a respectivement besoin des éléments suivants dans l'un et l'autre système :

Système actuel.		*Système proposé.*	
6 dragues...... ⎱ Force motrice : 12 remorqueurs . ⎰ 900 chevaux. 70 bateaux		Pompes ⎱ Force motrice : et remorqueur. ⎰ 800 chevaux.	
Personnel........... 200 ouvriers.		Personnel.......... 60 ouvriers.	
Dépense totale ⎱ charbon, 900 fr. ⎰ ouvriers 1.000		.... ⎱ charbon. 800 fr. ⎰ ouvriers. 300	
1.900 fr.		1.100 fr.	

Système actuel.		*Système proposé.*	
6 dragues à 325,000...	1.950.000	5 machines motrices à 100,000 fr.............	500.000
12 remorqueurs à 100,000	à.200.000	4,000 mètres tuyaux à 80 f. avec la pose	320.000
70 chalands à 20,000....	1.400.000	Bateau porteur et appareil d'alimentation..........	300.000
		Pompes rotatives, bâches.	50.000
	4.600.000		1.170.000

Système actuel.		*Système proposé.*	
Intérêts par jour à 5 0/0 sur 4,600,000 fr..............	635	Intérêts par jour à 5 0/0 sur 1.170.000 fr..............	160
Dépenses d'autre part......	1.900	Dépenses d'autre part......	1.100
Total.............	2.525	Total.............	1.260
Frais journaliers..........	2.535	Frais journaliers..........	1.260

Dans ce devis approximatif, nous n'avons pas compris l'usure extrêmement rapide du matériel des dragues. On change les chaînes à godets plusieurs fois par mois à Suez ; et dans le port, de Brindisi en particulier, on compte 50 fr. pour l'entretien et les réparations de chaque drague ; soit, en admettant ce chiffre, une augmentation journalière de 300 fr. sur le compte du système actuel. La nouvelle méthode n'exigera jamais autant par jour, dans l'exemple cité pour entretien ou réparations. Par conséquent, à 4 kilomètres encore, le système proposé présente de notables avantages sur la méthode de dragage usitée de nos jours.

Il est vrai que nous avons admis que la vitesse du courant d'eau dans les tuyaux ne dépassait pas 2 mètres ; si la nature des matériaux nécessitait 2^m, 50, ou même 3 mètres, le problème demanderait un nouvel examen.

Avec 2^m, 50, la perte de charge s'accroîterait nécessairement. Elle deviendrait de 13 mètres dans une conduite de $0^m,64$. On aurait besoin par conséquent de 588 chevaux bruts. La supériorité resterait encore très nettement au système Vergniais et Chéron. Avec 3 mètres, la perte de charge s'élèverait à 22 mètres. Il faudrait 928 chevaux-vapeur évalués en eau montée.

En exprimant ces nouvelles conditions dans le devis précédent, on trouverait facilement que la dépense devient sensiblement la même, dans ce cas, par l'ancienne et la nouvelle méthode. La supériorité resterait cependant plutôt encore du côté des chemins hydrauliques, même en faisant certaine part à l'inconnu.

On remarquera aussi que le travail simultané de six dragues, de 12 remorqueurs et de soixante-dix chalands, au milieu d'un port, ne laisserait pas que de gêner beaucoup la circulation. Cet inconvénient est beaucoup diminué avec le nouveau système.

En somme, si l'on prend le débit qui correspondrait à une vitesse normale de 2 mètres à l'eau pure, vitesse qui sera le plus souvent employée, on obtient avec une conduite de 0$^\mathrm{m}$,80 et pour un déblai minimum de 3,500 mètres cubes, la perte de charge étant de 7$^\mathrm{m}$,14 pour chaque mille mètres, les chiffres comparatifs suivants :

DRAGAGE ORDINAIRE.		DRAGAGE PROPOSÉ.		
1,000 mètres.		1,000 mètres,	180	chevaux.
2,000 —	900 chevaux.	2,000 —	360	—
3,000 —		3,000 —	540	—
4,000 —		4,000 —	720	—

Nous résumons, dans le tableau ci-joint, les cubes enlevés par journée de 10 heures pour des vitesses du courant comprises entre 1$^\mathrm{m}$,50 et 3 mètres.

TABLEAU-RÉSUMÉ, indiquant le diamètre des tuyaux, la vitesse par mètre, les charges, les forces motrices en chevaux-vapeur et les différents rendements par 10 heures de travail (1).

Diamètre de la conduite.	Surfaces des tuyaux. en centim. carrés.	Vitesse de l'eau.	Charge par mètre de longueur de conduite.	Force en chevaux bruts pour 1 kil.	Débit en eau et matière au bout de 10 h. de travail à 1 kil.	Cube de sable enlevé dans l'hypothèse de			
						1/10	1/8	1/6	1/4
0m,20	314	1.50	0m,016.19	107	1.695	169	212	282	424
		2.00	0m,028.55	240	2.261	226	282	377	565
		2.50	0m,044.40	465	2.826	282	353	471	706
		3.00	0m,063.72	800	3.391	339	424	565	848
0m,60	2.827	1.50	0m,005.40	30	15.264	1.526	1.908	2.544	3.816
		2.00	0m,009.50	72	20.354	2.035	2.544	3.392	5.088
		2.50	0m,014.80	139	25.441	2.544	3.180	4.240	6.350
		3.00	0m,021 24	240	30.531	3.053	3.816	5.088	7.633
0m,80	5.026	1.50	0m,004.04	41	27.140	2.714	3.392	4.523	6.785
		2.00	0m,007.14	96	36.487	3.618	4.523	6.031	9.046
		2.50	0m,011.08	186	45.244	4.524	5.655	7.537	11.306
		3.00	0m,015.93	320	54 290	5.428	6.785	8.786	13.570
1m,00	7.854	1.50	0m,003.23	51	42.411	4.241	5.301	7 068	10.600
		2.00	0m,005.71	119	56.548	5.654	7.068	9.425	14.130
		2.50	0m,038.87	232	71.686	7.068	8.835	11.781	17.670
		3.00	0m,012.74	460	84 825	8.482	10.602	14.137	21.200
1m,20	11.309	1.50	0m,002.69	62	61.052	6.106	7.633	10.177	15.240
		2.00	0m,004.77	144	81.424	8.142	10 178	13.570	20.356
		2.50	0m,007.38	278	101.781	10 178	12.122	16.963	25.445
		3.00	0m,010.60	480	122.137	12.213	15.267	20 356	30.534

(1) Les vitesses de l'eau sont celles qui correspondraient à un débit à l'eau pure à travers une conduite de 1,000 mètres.

Il faudrait atteindre une distance de 10 kilomètres pour qu'avec la vitesse normale de 2 mètres la supériorité du système Vergniais et Chéron s'annulât complétement.

Il en résulte que pour des distances pratiques relativement très grandes, il pourra encore être économiquement employé.

Même dans certains cas, et en comptant sur une dépense plus considérable qu'avec la méthode actuelle, il y aurait avantage encore à y avoir recours.

Le temps est un élément important du problème, et la puissance d'action du nouveau procédé est **assez** grande pour que l'on puisse réaliser en quelques mois, par son intermédiaire, des travaux qui ne sauraient être exécutés autrement qu'en plusieurs années.

La drague travaille difficilement la nuit dans un port; les remorqueurs ne peuvent, en effet, toujours s'avancer au large à toute heure, et, à moins de clair de lune, le dragage est généralement interrompu.

En hiver, les jours étant très courts, le travail diminue encore de durée. Le chemin hydraulique peut fonctionner, au contraire, à tout moment et constamment, sauf les temps de repos rendus obligatoires pour les réparations et l'entretien des machines-motrices.

On restera largement dans la vérité en évaluant le produit mensuel, dans le nouveau système, pour des machines de force indiquée, à 125,000 mètres cubes. La meilleure drague fait difficilement ses 25,000 mètres cubes.

Par conséquent, pour un cube de 2,000,000 à enlever,

une seule drague mettrait six ans et huit mois; la machine Vergniais et Chéron, un an et quatre mois. Deux dragues demanderaient trois ans et demi. Deux machines Vergniais et Chéron, dix mois.

Nous n'avons parlé jusqu'ici que des déblais lourds. Mais il n'est que juste de rappeler que les boues et les vases ne sont pas comprises dans ces évaluations approximatives, et c'est précisément dans ces circonstances de travail, enlèvement mixte de sable, boues et vases, que la nouvelle invention développe toute sa puissance.

Elle enlèvera facilement plus d'un quart et même souvent plus d'un tiers du volume charrié de boues ou limons légers. L'application spéciale à l'assainissement des ports et au transport des eaux sales acquiert une importance considérable qu'il suffit de signaler en passant pour que l'on en apprécie toute la portée. Il existe un grand nombre de pays où l'on en est encore réduit, pour l'enlèvement des boues, au système primitif de l'écope.

Mais il est temps de clore ces considérations déjà trop longues.

En résumant les faits principaux qui ressortent de notre examen, on est conduit à ces conséquences :

Il est possible d'utiliser un courant d'eau, dans une conduite de diamètre convenable, pour charrier des matières lourdes et légères.

La quantité de graviers, de sables et de boues entraînée est suffisante pour donner un produit rémunérateur.

Bien que l'on construise des pompes recevant directement dans leurs cylindres ou leurs carapaces les graviers et les sables, il paraît préférable de faire déboucher les matières solides dans un réservoir spécial interposé sur la conduite, l'usage des pompes étant limité à la production du courant et par conséquent à la transmission de la force motrice.

La vitesse de l'eau à laquelle il paraît convenable de s'arrêter, pour assurer un bon débit, tout en n'accroissant pas outre mesure la puissance motrice, est celle qui serait comprise entre 2 mètres et 3 mètres et accidentellement 1 mètre 50, si le liquide courait dans la conduite sans introduction de sable.

La diminution de vitesse entraînant une économie de force motrice, il y a tout avantage à la choisir la plus petite possible, eu égard aux conditions spéciales du problème à résoudre.

La bonne répartition des matières lourdes dans les tuyaux est indispensable pour assurer le maximum d'effet utile.

Les sables et graviers ont besoin d'être introduits dans le courant en quantité rigoureusement jaugée, pour qu'il n'y ait pas appauvrissement dans le rendement.

Avec des conduites cylindriques, le rendement peut s'élever à 12 0/0, mais descendre bien au-dessous, si l'introduction du sable est mal réglée.

En substituant aux conduites cylindriques des tuyaux de forme indiquée, on fait immédiatement monter le rendement de 1/10 à 1/5 environ.

L'application du système à l'enlèvement des boues, vases et matières légères semble devoir se faire dans des conditions exceptionnellement économiques.

Le transport des matériaux lourds reste avantageux jusqu'à 4 kilomètres de distance.

Le transport des boues et vases peut se faire économiquement à des distances doubles, triples et encore plus considérables.

L'emploi du siphon rend pratique la nouvelle méthode d'extraction de sables et de boues, même lorsqu'il y aurait nécessité de décharger les matières à une altitude notablement plus élevée que celle de leur gisement.

Par conséquent, nous nous croyons autorisé à poser les conclusions suivantes :

1º La méthode de dragage et curage de MM. Vergniais et Chéron, est applicable à l'entretien et à l'assainissement des ports;

2º Elle donne la faculté d'élever et de transporter tout à la fois, par grandes masses, les matières lourdes et légères, les galets, les sables et les boues;

3º Elle est économique et raide ;

4º Elle réalise sur les procédés connus un progrès notable, et se recommande par un ensemble d'avantages dignes de la plus sérieuse attention.

L'Ingénieur des Mines consulté,

Signé : HENRI DE PARVILLE.

Paris, 1er octobre 1867.

Paris. — Imp. Ch. SCHILLER, Faub.-Montmartre, 16.